coleção MODA BRASILEIRA **ANDRÉ LIMA**

COSACNAIFY

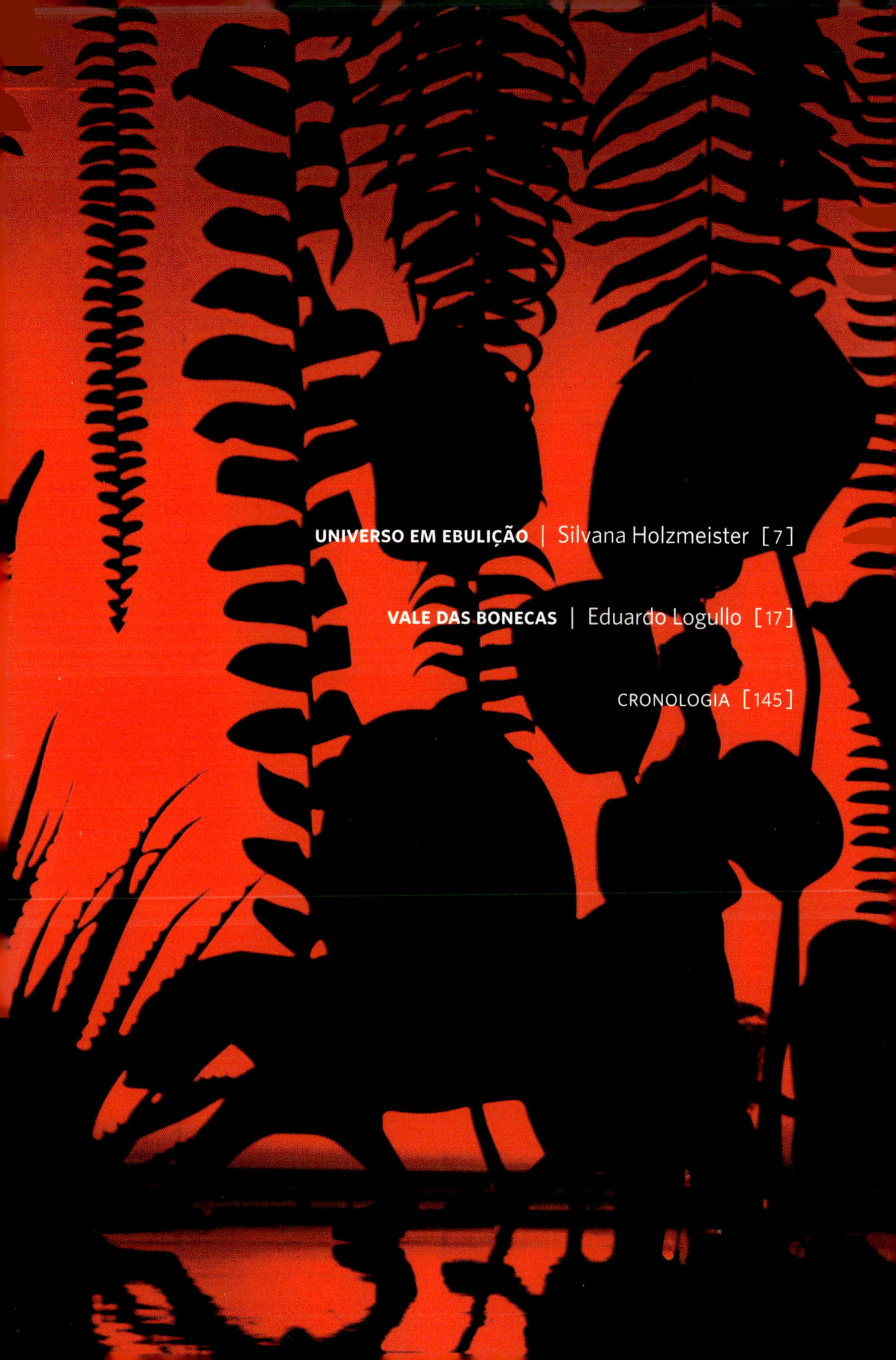

UNIVERSO EM EBULIÇÃO SILVANA HOLZMEISTER

A moda é uma ferramenta importante na construção da identidade, mesmo que a escolha do vestuário não seja sempre intencional. Ela tanto contribui para expressar a personalidade do indivíduo como o insere em determinado grupo. O que cobre o corpo nu indica, ainda, como as pessoas assimilam o contexto social de determinada época e como gostariam de ser reconhecidas por seus pares. Traduzir em roupas a essência de seu tempo e perceber a evolução feminina têm sido exercícios diários na trajetória de André Lima. "A moda é, ainda, combustível, delírio, vício, contradição, desejo, viagem, casamento", enumera o estilista. Como um *flâneur* que se deixa arrebatar pelas mais diversas referências, André vê o mundo com olhos e espírito bem abertos, com uma curiosidade desassossegada.

Foi compreendendo a mulher que ganhou notoriedade, com vestidos poderosos que, sob um passe de mágica *fashion*, caíam como uma luva sobre o corpo da brasileira, valorizando aqui, disfarçando acolá. *Piece de resistence* em todas as coleções, desde que estreou na Semana de Moda [p. 6], em 1999, mesmo ano que lançou a marca que leva seu nome, não é difícil entender por que o vestido ocupa o centro de sua viagem estilística. Drummond (1902-1987) transformou em poema a peça mais emblemática do guarda-roupa de uma mulher. Gustav Klimt (1862-1918) não só criou versões artísticas como o eternizou em inúmeros retratos, sempre no corpo de Emilie Flöge (1874-1952). Pensadores dedicaram tempo e letras em reflexões sobre a peça a exemplo de Roland Barthes (1915-1980), para quem o vestido é a primeira etapa de uma lingüística da vestimenta. André o enxerga como um universo interminável de possibilidades e desafios. "É como o costume masculino, com a diferença que no vestido me atrai o que está dentro, a estrutura, o detalhe, o forro. O avesso é o que me permite ver o que quero construir por fora. E não há limites", reflete.

Inspirado em mulheres fortes, atemporais, musas de Hollywood, das novelas e da música, cria para divas contemporâneas que buscam sofisticação, luxo e sensação de exclusividade. *Jet-setters* bem-informadas, elas desejam ser surpreendidas pelo design. A trajetória profissional de André tem sido identificar os seus desejos mais latentes e transformá-los em sonhos vestíveis, passaportes para o *glamour* em qualquer parte e hora do mundo, de São Paulo a Dubai.

Como um escultor que não se cansa de lapidar suas peças, ele transita por parâmetros de proporções e delírios da alta-costura e pelos ícones de elegância do século XX. São referências inebriantes a direção de arte, a luz, a maquiagem, a fotografia e a composição de personagens no cinema. Tanto lhe atraem os clássicos das décadas de 1930, 40 e 50 como a modernidade fervilhante dos anos 1970 e 80. De Greta Garbo (1905-1990) a Madonna (1958), passando por Gal Costa (1945), Sandra Bréa (1952-

2000), Fafá de Belém (1956) e Clara Nunes (1943-1983). Mulheres intensas e donas de estilos inconfundíveis, por certo. Nelas, André busca referências e depois une aos desejos de moda colhidos em bate-papos com as clientes país afora. Sem contar o turbilhão de informações armazenadas diariamente, vindas de todos os lados. "Absorvo tudo o que vejo, escuto, sinto, e isso se torna a minha inspiração. Confio nela e me entrego", diz, sem titubear.

Foi assim que em 2001 estreou no São Paulo Fashion Week com vestidos repletos de decotes reveladores, exuberantes em cores e estampas. O minimalismo e as imagens que valorizavam o corpo feminino debilitado estavam perdendo força. Havia no ar o desejo pela sensualidade, pelo corpo saudável.

Rapidamente suas criações cativaram o público e alcançaram as araras da butique Pangea, em São Paulo, ao lado de Anna Sui, Helmut Lang e Patrick Cox. Depois foram para a Daslu e vestiram atrizes e cantoras, donas de personalidades tão fortes quanto das que habitam seu imaginário.

Entre todas as suas musas inspiradoras é de Maria Bethânia (1946) o papel principal. A descoberta da artista e da mulher, além da cantora e intérprete, foi o *turning point* de sua vida e de sua percepção do feminino que o acompanha desde a primeira coleção. "É como se ela transitasse no meu cotidiano. Ela não tem medo de falar do bem, do mal, de amor, de entidades, do tempo e da vida com uma força que mexe comigo", diz. Identificá-la em elementos sutis presentes em suas coleções é uma experiência instigante que contribui para compreender a riqueza do universo imagético de André Lima.

Captar essa essência e transformá-la numa coleção tornou-se o principal ingrediente no seu jeito de criar. Ele passa pelo questionamento do que sua mulher idealizada veste, o que a deixa moderna, sofisticada e com atitude que mescla desprezo e fascinação pelo tempo. A isso, André acrescenta informações de moda e escolhas técnicas, faz experimentações de modelagem e design. "É como se eu ficasse testando até onde posso ou devo ir com uma proposta", diz ele. A todas as etapas imprime, ainda, profunda preocupação com a qualidade, do tecido ao acabamento, dos arranjos de cabeça à trilha sonora do desfile. A busca minuciosa pela perfeição é o delírio do ofício de costureiro. "Gosto de sentir que é possível deixar uma marca pessoal", revela.

Aliás, é o apuro nessas etapas do processo de elaboração da roupa, do momento em que são percebidas as referências até sua apresentação na passarela que aproxima o universo de André ao de um ateliê. No outro extremo está o empresário e o seu gosto pelo mecanismo de produção em série que permite que a roupa chegue à loja e depois ao guarda-roupa de suas clientes. Sua mola propulsora não é outra senão a genuína paixão pelo ofício.

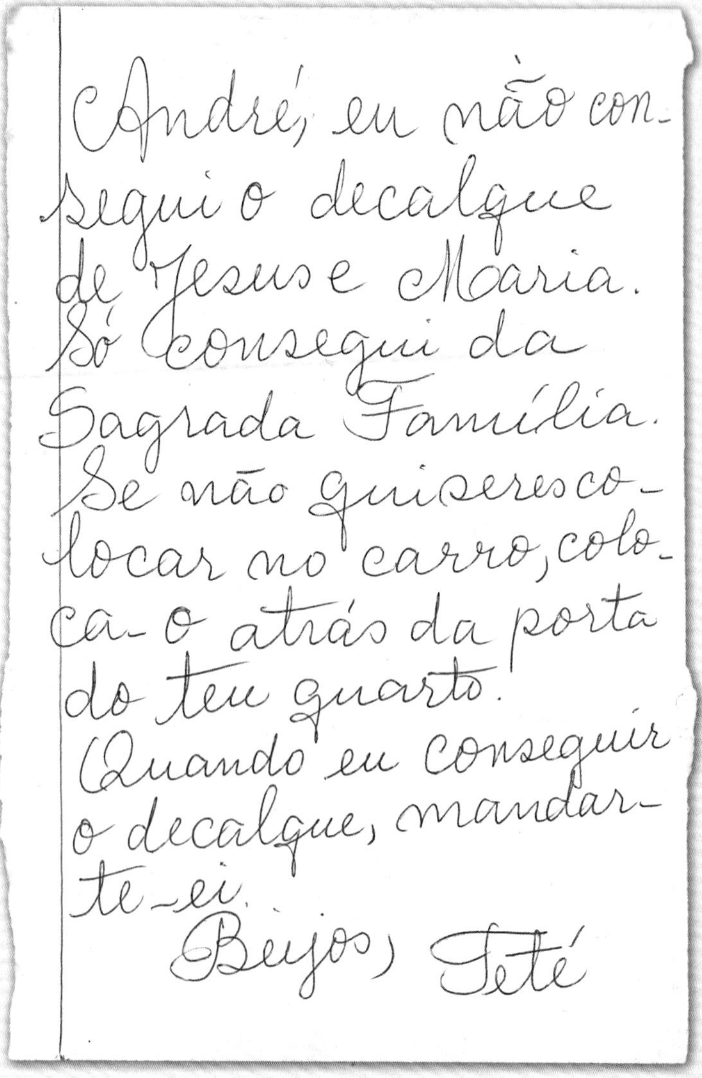

André, eu não con-
segui o decalque
de Jesus e Maria.
Só consegui da
Sagrada Família.
Se não quiseres co-
locar no carro, colo-
ca-o atrás da porta
do teu quarto.
(Quando eu conseguir
o decalque, mandar-
te-ei.

Beijos, Tetê

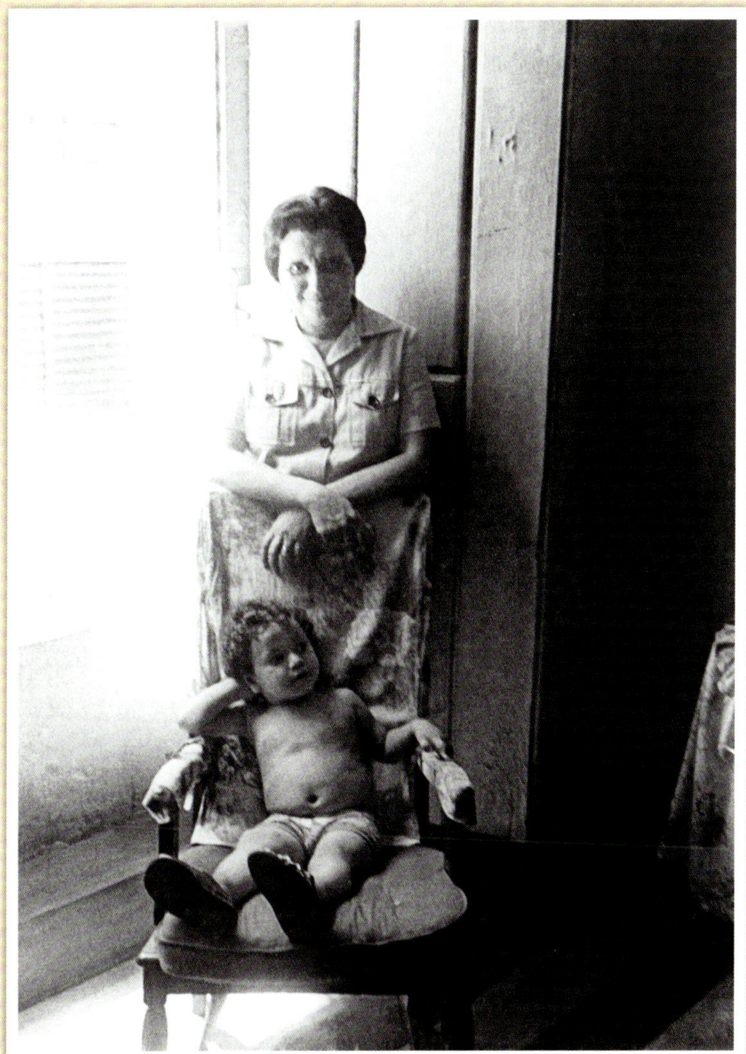

André e a mãe.

VALE DAS BONECAS EDUARDO LOGULLO

> *Prova. Olha. Toca. Cheira. Escuta.*
> *Cada sentido é um dom divino.*
> Manuel Bandeira

Nos processos de criação do estilista paraense André Lima, a memória vale como uma pororoca altaneira e estrondosa, lambendo o que vê pela frente, pelos lados, pelas costas. Ele faz roupas como um espectador do mundo voltado às pequenas mecânicas do cotidiano, aos processos de deslocamento das idéias, aos desvios da invenção. Sabemos que a memória é formada pelo recorte de paisagens e sobreposições de existências. Nada se perde. Tudo se transtorna, se conecta: fragmentos, alucinações, atalhos, ruídos, contaminações, solavancos. "A memória é uma ilha de edição", dizia Waly Salomão.

Talvez por ter sua origem na exuberância amazônica que invade as ruas de Belém, André acostumou-se desde moleque a conviver com uma abundância de minúcias. Paus, pedras, fins de caminhos, folhas de mangueira, ventos, cheiros, chuvas, gritos de aves, mulheres, avenidas, procissões, motor de voadeiras, cochichos de comadres, grandes varandas, vidros coloridos, sons da noite equatorial, silêncios, zumbidos. Dessa mistura vem sua loucura. Caixa de ressonâncias.

André é carismático, de gestos seguros e observações sinuosas. *Égua!*, como diriam seus conterrâneos. Observei que na maioria das reportagens publicadas sobre ele existe a propensão estereotipada de enquadrá-lo como alguém de origem "cabocla" que supostamente descobrira o mundo ao sair de Belém. Essa interpretação é ultrapassada e conservadora: estabelece que apenas as pessoas próximas dos grandes centros estariam aptas a formar uma obra. Outro clichê seria classificar André Lima de "estilista das estampas multicoloridas" e da roupa "sexy". Não perca as cenas dos parágrafos seguintes.

Ele provavelmente não gostaria que sua biografia precoce fosse contada. Para quê, se ninguém sabe quanto tempo ainda virá no pirão nosso de cada dia? Então, vamos juntar os pontos que demarcam seu território criativo. Fita métrica para a frente. Banalidades para trás. "Evito falar de tendências, rumos, direções. *Links* surgem todos os dias. Meu trabalho é um acúmulo de inspirações e estímulos, indiferentes e ao mesmo tempo questionadores a cada temporada." Essa capacidade de se autopilotar vem de longe. "Preciso de flexibilidade para acompanhar as mudanças da minha época. Gosto da experimentação, do risco."

Na infância, o garoto vivia num casarão dominado por mulheres fortes: a mãe, professora de matemática e português, a avó, costureira que "cortava tudo no olho", e três tias, também professoras. O pai, comerciante de Gurupá, vivia no vai-e-vem entre a capital e o pequeno município localizado em uma ilha no rio Amazonas, a um dia e meio de barco. Essa atividade proporcionou um relacionamento matrimonial inusitado em que os cônjuges da família Lima se viam esporadicamente, apesar de casados. Junte-se a essa atmosfera "quase de novela" o ritmo doméstico de sua infância, a presença de um irmão de criação e duas irmãs, uma pelo lado paterno, e três empregadas, todos reunidos na mesma casa. "Eram dez mulheres no total", diverte-se fazendo as contas com os dedos. A casa era tão grande que ele andava de bicicleta na sala onde a mãe dava aulas particulares. Pelos cômodos da casa, várias cadeiras de balanço — uma tradição no mobiliário do Norte brasileiro. As crianças raramente saíam. O programa era ir à escola, à casa de um familiar ou a uma pracinha próxima. Bom dia, boa tarde e boa noite, Belém.

ELAS POR ELE

Claro que conviver com tantas mulheres levou André a transitar com sensibilidade aguçada pelo universo feminino, compreendendo desde cedo a linguagem das fêmeas: a roda das saias, os meneios dos cabelos, os perfumes das penteadeiras, a malemolência dos quadris, as insinuações dos olhares, a importância dos espelhos. Essas revelações, na cabeça de um menino observador, o fizeram descobrir o lado, digamos assim, *catito* da vida. "Era tudo muito engraçado. Todo mundo tinha personalidade forte. Uma novela mexicana, quase um filme do Almodóvar. Temperamento *power*. Sempre havia brigas, discussões, música alta, gente dançando. Casa de mulher. Já viu, né?"

Vamos abrir mais aspas para reacender as memórias: "Cada uma tinha um jeito bastante pessoal de se vestir. E usavam muitas estampas. Havia uma forma de expressão própria naquelas estampas. Percebi que elas obedeciam a certas escolhas de padronagens, como códigos. Eu brincava com a possibilidade de me comunicar com elas por meio das estampas! Sempre observava minhas tias se vestindo para ir trabalhar. Josélia era mais ousada, mais *fashion*, usava *collant*, blusas de crochê, saias rodadas e tal. A outra, tia Ray, era mais contida, usava calça comprida, blusas de seda, cores sóbrias. Tia Celita, sempre de saia lisa e blusa estampada, era a que mais me mimava, junto com minha avó, que, depois da morte de meu avô, vestia roxo, preto, azul-marinho ou marrom. Minha mãe, Therezinha, por sua vez, era uma mistura disso tudo. Ela sabia usar roupas pretas como nenhuma de suas irmãs. Isso me faz lembrar que a silhueta de um dos primeiros vestidos que desenhei era igual a um godê tomara-que-caia da Josélia, de crepe indiano azul-turquesa, que ela usava para ir à discoteca na década de 1970. Todas eram prendadas, bordavam, costuravam, gostavam de moda."

Mas o pequeno André, solto nesse vale de bonecas, deixava-as com a pulga atrás da orelha. Mãe, avó, empregadas e tias erguiam as sobrancelhas, franziam a testa, soltavam muxoxos, achando um tanto estranhas as preferências do menino que se escondia para escovar o cabelo da boneca da irmã. "Era uma boneca vestida de baiana, com cabelão preto... E eu adorava ficar penteando ela", lembra ele com os olhos faiscando de rir. Mas antes já acontecera outro episódio importante envolvendo bonecas. "Eu era bem criança, por volta dos seis anos. Minha irmã Cristina tinha uma boneca que parecia uma americana da seita conservadora *amish*, com vestido longo xadrez, de mangas compridas. Brincava com ela escondido. Não podia. Eu fazia casas com caixa de papelão, montava o quartinho e ficava lá dentro. Um dia tirei a roupa dela e amarrei um pano, minha primeira *moulage*. Daí me deu uma loucura e cortei curto o cabelo dela, quase *chanel*. Rapaz, foi uma revolução. Briga geral: meu pai, minha mãe, uma confusão. Primeiro porque eu tinha destruído o brinquedo da Cristina. Segundo, porque aquilo não era coisa de menino, né? Uma loucura."

"Para mim, o dia mais esperado do ano era quando eu visitava, perto do Carnaval, uma prima de minha mãe, Paula Novelino, a melhor estilista da cidade. Ela fazia fantasias para um concurso tradicional de Belém, o Rainha das Rainhas [p. 22-3]. Minha tia Josélia a ajudava a bordar as peças. Eu ficava extasiado com as cores, os detalhes, as referências, os materiais. Aquilo tudo era mais importante do que o dia de Natal. E olha que eu era louco pelo Natal. Tia Ray era exímia artesã de enfeites natalinos. Adorava sentar no chão ao lado dela. Observava aqueles trabalhos manuais tão esmerados e pegava uma tesoura para tentar reproduzir."

Ele continua: "Acho que sacaram desde muito cedo que eu seria diferente de meus irmãos. Eu nunca soube brincar de carrinho! Eu gostava de jogá-los do alto da casa para quebrar e montá-los de novo". Quando André se enchia de espatifar carrinhos ou de pentear bonecas, o armário das tias se transformava em uma espécie de caverna de Ali Babá, repleto de tesouros a serem tocados, avaliados, observados. "Era maravilhoso, abria os armários, mexia em tudo, sentia o cheiro de cada objeto, de cada peça de roupa. Abria perfumes, tocava os vestidos... Eu venerava aquelas descobertas, aquele silêncio dos armários e até o rangido das portas."

Lembranças como essas geram de imediato uma penca de interrogações. De onde vinham as cores que aquele menino guardava na retina? Existe ligação entre o garoto que assistia a novelas na tevê em cores (então, recém-lançada no país) e as roupas multicoloridas, o cromatismo das estamparias que marcaram o estilo André Lima? Isso permanece como dado predominante? Não, sim, sim, não. Preferências que vão e podem voltar. Ele confirma que a televisão faz parte de sua formação visual tanto quanto as cores locais, os livros de gravuras clássicas e os retalhos de tecidos da avó. "Nas novelas da Globo sempre tinha alguma personagem estilista, modelo ou decoradora. Lembro muito da Sandra Bréa, da Mila

Moreira, da Sônia Braga... Eu assistia a tudo e adorava quando misturavam moda e decoração. A abertura de *Elas por elas*, com música dos Fevers e atrizes saindo de recortes de fotografias... Nós tínhamos muitos álbuns com retratos da família. A casa era cheia de coisas antigas: móveis, louças... Minhas tias pegavam essas imagens da época delas e falavam dos anos 1960, contando que usavam 'saia godê guarda-chuva', que as anáguas eram engomadas. Imagine eu, criança, ouvindo isso? Viajava, né? Minha família não era rica nem abastada. Éramos extremamente voltados para a educação e aprendíamos a gostar de roupas e valorizar o belo. Minha avó costurava. Meu pai vendia tecidos no interior e me levava com ele nas lojas para encomendar os cortes que comercializava. Loja de tecidos para mim era uma Disneylândia."

SOBE O PANO

A enorme variedade de tecidos marcaria para sempre o garoto abelhudo que fazia de cobaias as bonecas da irmã. Brim, veludo, cetim, cambraia, linho, seda, tafetá, algodão, renda, morim, jérsei, crepe, organza, sarja, chamalote. Pontos de exclamação, pontos de luz, pontos de nós. O ruído das peças de tecido desenroladas nos balcões, o cheiro característico dos panos, as prateleiras repletas de rolos, as escadas, as varas de metro, os brocados em cascatas de cores, as estampas absurdas, a tesoura afiada rasgando a fazenda escolhida, as larguras duplas, os cortes dobrados, as amostras de tecidos para escolher a cor da linha, as mil e uma possibilidades que brotavam daquele universo. Pausa. Contemplação. Percebo subitamente uma coisa: o mistério que estaria contido em milhares de obras literárias insondáveis, atribuído pelo escritor argentino Jorge Luis Borges às bibliotecas de Buenos Aires, talvez seja uma manifestação de intensidade semelhante à que o pré-adolescente André Lima vislumbrava nas lojas de tecidos de Belém do Pará. Aquilo provocou sua epifania com o estilo, com a costura. A vertigem ao sagrado da profissão que escolheria. Desce o pano.

Sim, naquelas visitas guiadas pela autoridade paterna ele talvez tenha compreendido o desejo intenso, o chamado de sua ambição profissional, a ordem superior de trilhar um caminho específico. Certamente daquelas lojas surgiu seu envolvimento com processos criativos na fabricação da matéria-prima, além da relevância com que ainda hoje André Lima enfatiza os processos produtivos que envolvam artesãos, indústrias têxteis, elaboração de tramas e uso de cores. Usei essa interpretação de aparição "epifânica" de modo intencional: fora conviver no meio de um conjunto de fatores femininos que já havia se tornado seu mais importante referencial, André nascera em uma cidade de forte tradição religiosa, onde as pessoas se benzem, acompanham procissões, fazem promessas, crêem em milagres, reverenciam altares e, junto à força que a natureza alcança na Amazônia, tudo pode ser divino, maravilhoso de um momento para o outro.

É assim que ele me relata, enquanto mostra duas fotografias de Miguel Chikaoka das festividades religiosas em Belém, as etapas da procissão de Nossa Senhora de Nazaré, evento popular que reúne anualmente milhares de fiéis na capital do Pará. "Duas procissões são importantes: a Transladação e o Círio [p. 34-5]. A primeira retira a imagem da santa, de noite, de seu altar no colégio Gentil Bittencourt e a leva até a catedral. No dia seguinte, a imagem vai da catedral para a Basílica. Quando a procissão passa de noite pela praça da República, tem a festa da Chiquita, em que elegem o *Veado de Ouro* no bar do Parque. Essa festa acaba quando o Círio está começando." E viva Nossa Senhora de Nazaré e a bagunça sacrossanta do Círio.

De vez em quando ele se aborrece com tantas reminiscências, notando que seu trabalho nem precisa estar continuamente atado ao passado — mas de preferência embaralhando centenas de fatos em uma linha condutora que só sua cabeça desvenda. "Meu processo é como um fluxo ininterrupto: sempre comprando livros, atualizando meu arquivo de imagens. Evito construir uma linha de raciocínio muito clara, plana. Eu gosto mesmo é de juntar extremos. 'Raspas e restos me interessam'."

Dessa cornucópia de "coisas" pula, tal e qual na mitológica caixa de Pandora, seu inventário pessoal formado por projeções e recortes. Olho em volta e observo o que está habitando as paredes e as mesas de seu ateliê em São Paulo: Pierre Verger, antúrios, o travesti paraense Marleni Dietrich, a atriz alemã Marlene Dietrich, geometrias, fotos raras de Marisa Alvarez Lima, Maria Bethânia usando moda carajá nos anos 1960, uma rara edição da revista *O Bondinho*, estampas de uma antiga saída de praia de sua tia, Richard Avedon, Valentino, cerâmica marajoara, Pierre Cardin, Fafá de Belém, Courrèges, revista *Paratodos*, Luiz Trípoli, estamparia panamenha da tribo kuna, postais *punks*, padronagens de insetos, cartaz mexicano do Dia dos Mortos, Yves Saint Laurent, Yma Sumac, grafismos do Japão, África e Polinésia, mais um bando de imagens de livros que registram a curiosidade aparentemente interminável do estilista.

Voltando lá para trás outra vez, encontraremos o adolescente André, entre dezesseis e dezessete anos. Ele reacende a cena: "Naquela época eu comecei a me vestir, a ver que eu podia ter um estilo diferente de todos que me rodeavam. Lia uma série de revistas e comecei a gostar de produzir as pessoas. Na mesma fase, minha irmã Cristina também já queria se montar. Nossos amigos iam lá para casa. Meu outro irmão, Marcelo, fazia trilha sonora e ensinava todo mundo a dançar Vogue. Eu era apaixonado pela Alexandra, minha primeira modelo, magra, alta, de pernas finas, alongadas. De repente eu 'produzia' umas dez pessoas". Dessa seqüência em diante, os fatos confirmariam que ele seria alguém completamente guiado pelo olhar e pela imagem. "Em 1987, abri um jornal e vi uma foto incrível de uma mulher com uma maquiagem absurda. Era uma nota na coluna do Isaac Soares, a mais tradicional de Belém, falando de um salão de beleza que seria inaugurado na cidade, o Eskalp. Ficava a três quadras de casa. Corri imediatamente para lá. Fiquei louco por aquela mulher. O nome dela era Anétt. Tinha morado em São Paulo e aprendido a cortar cabelo. Vivia no Rose Bombom, em brechós... Ficamos amigos, ela começou a me mostrar um monte de coisas e me ensinou a maquiar."

Nesse mesmo período André já cursava arquitetura, depois de ingressar na faculdade aos dezesseis anos como um dos mais jovens alunos do campus. As descoladas Anétt e Alexandra, mais as réguas do curso, passaram a ser suas companhias diárias. "Nós vivíamos para cima e para baixo até que decidimos fazer produção de moda em Belém. O marido de Anétt fotografava e passamos a usar o estúdio dele para alguns trabalhos. Eu estava começando a ficar com o saco cheio da faculdade, achando tudo muito careta. Vivia atrás de revistas importadas de moda, arquitetura e decoração. Elas eram minha janela para o mundo. Eu ficava louco, queria ir adiante, criar, inventar."

O turbilhão de novidades mal começara para o irrequieto André Lima. Elas aconteciam todo o tempo, considerando-se que a década de 1980 propiciava apelos experimentais na moda, na música, nas artes plásticas. "Quando li e vi o que era pós-moderno, fiquei perturbado. Mudou minha vida." A descoberta, entretanto, não o demoveu de mexer com batons e sombras. Pelo contrário. Cada capa de disco, cada videoclipe na televi-

são, cada cartaz de cinema valia por uma lição de atualidade. Ligar-se ao que vinha pela frente era sua premissa. Olhar para longe. Arriscar. Jogar-se no novo mundo que se escancarava a partir do salão Eskalp.

ARQUITETURA OU MAQUIAGEM?

Viver dividido é o pior dos suplícios para quem é jovem e com a sensibilidade em ebulição sob o calor equatorial. O futuro arquiteto foi definitivamente para o brejo em uma dessas tardes arrastadas, pegajosas e úmidas de Belém. Voltava da faculdade com tubos de projetos em papel manteiga, régua T, cadernos e anotações de aulas. Surto: joga tudo pela janela do ônibus, na frente dos outros passageiros, que o olhavam assustados. "Encheu o saco. Decidi naquele momento que nunca mais pisaria na faculdade. Eu estava fora!" Ele agora estava livre para produzir desfiles e *books* de modelos. Veio então, de um momento para outro, o convite para trabalhar como assistente de produção da TV Cultura do Pará. "Havia produções constantes de música. Começaram a gravar muitos videoclipes. Eu ajudava na cenografia. Fui também figurinista, maquiador."

Nesse momento, André começava a observar que a moda, como nunca acontecera antes na história, alcançava como veículo de expressão uma dimensão próxima do cinema e da música. Ele percebia também a importância do surgimento de uma moda brasileira que se fundisse a valores universais. Do carimbó ao *rock* inglês, dos açaizeiros de Gurupá à avenida Paulista, do chitão florido ao *crepe-de-chine*. Não seria essa mistura entre extremos que se alisam e se arranham, colocando no mesmo balaio o tosco e o sublime, o selvagem e o erudito, os fundamentos do Manifesto Antropofágico, da Tropicália, do Mangue Beat? A fonte jorrava ali.

Quando se mudou de vez para São Paulo, em 1992, André Lima já havia passado outras temporadas na cidade que o seduzia pela multiplicidade de propostas. Continuar em Belém seria repetir-se, repetir-se, repetir-se. Até virar pastiche. Embora pudesse se estabelecer com sucesso por lá, as chances de crescimento profissional seriam obviamente mais limitadas e não corresponderiam ao volume de informações de que ele se nutria dia após dia. Conseguira galgar o posto de minicelebridade local, suas produções viravam notícia na imprensa paraense. Chegou até a produzir e estrelar um desfile de roupas de praia no Hilton, o hotel mais elegante da cidade. Nada mau para quem tinha apenas vinte e poucos anos. Poderia até alcançar a tal da realização profissional, tornando-se ele próprio um tipo de oráculo da pós-modernidade na foz do rio Amazonas. Ou talvez alternar períodos de trabalho por lá e fases de atualização em São Paulo. *Égua!* O bicho da agonia o havia picado de vez. Me solta. Eu quero correr mundo, correr perigo. Eu quero é ir embora. Adeus, portanto, meu pai, minha mãe. Adeus, Belém do Pará.

A experiência anterior em programas de televisão o levou inicialmente a atuar como produtor de figurinos na extinta TV Manchete. Chatice, preguiça total. A aceleração paulistana do segmento de moda, que se submetia então a um processo de deslocamento progressivo para atingir novos públicos e expandir conceitos, mostrou-se generosa com o jovem estilista. "Fazendo produção de moda na loja Udi La Galina consegui meu primeiro emprego como assistente de estilo." Próxima parada: Mercado Mundo Mix, com estande de camisas-pólo. Mais tarde, já na Cavalera, trouxe ironia e apelo *fashion* para o *streetwear.*

A marca André Lima chegou oficialmente ao mercado em 1999, ano em que estreou na Semana de Moda [p. 28-9], com uma coleção feita com retalhos de tecidos antigos, herança de sua avó materna. Suas peças foram direto da passarela para as araras da Pangea, a *concept store* que também vendia Lino Villaventura, Fause Haten e Walter Rodrigues, entre outros. Seu segundo ponto-de-venda foi a Daslu, e a partir daí suas coleções invadiram as principais multimarcas do Brasil. Dois anos depois, na edição do verão 2001 é convidado a integrar o time de estilistas do São Paulo Fashion Week. Em poucas edições do evento, seu nome estava citado entre os principais estilistas brasileiros, irrompendo pelos quatro cantos do país em coleções maximalistas, exuberantes, livres, cheias de experimentação, com *prints* abusados, corajosos colorindo vestidos que pareciam flutuar na passarela. Sem medo de voar, sem medo de abalar.

"Meu processo parte da cartela de cores e da escolha das estampas, que são os dois momentos iniciais na elaboração de uma coleção. As referências podem vir de várias fontes: uma roupa antiga, obras de arte, livros de fotografia, história de civilizações longínquas, imagens de moda... Em paralelo, começo a juntar as pistas para entender quem é a mulher que vou vestir. Que desejos ela tem? Onde ela vive? Quem é ela? E quem quer ser? A estampa não precisa necessariamente ilustrar essa revelação. A contradição é a grande sacada. Gosto mesmo é de me sentir 'tomado' por uma idéia, de passar a conviver com algo que jamais cogitei anteriormente. Ou que sempre sonhei. Faço muitos exercícios, acertando ou errando. Eu gosto de experimentar."

Por saber que a angústia é um componente das etapas criativas, André Lima tem alterado bastante seu olhar, passando a investigar com mais atenção a volumetria da roupa e os exercícios sobre tons sóbrios. "Nunca imaginei que uma estampa pudesse ser sóbria. Acreditava que isso teria a cara de outros estilistas. Depois de algumas coleções, comecei a entender que a sobriedade poderia tornar-se linda com a cor. Não abandonei as cores fortes. Mas meu trabalho se aprofunda cada vez mais entre tonalidades inesperadas, novas misturas e principalmente a forma."

Esses procedimentos alteram voltagens na criação de André. Zás-trás. Rápido e de espírito vivo, sua argúcia está em não buscar linearidades que transformem as coleções em parques temáticos. "Não tenho a pretensão de 'traduzir' o que estou fazendo, inventar explicações rasas que facilitem a compreensão da coleção. Odeio *releases*. Adoro quando alguém vê em meu trabalho algo que nunca vi, mesmo que seja uma visão deturpada ou acadêmica. Isso me diverte. Ou me aponta caminhos: posso segui-los ou não."

Resolução do teorema: André Lima lida com estratégias de charme, registros da sedução instantânea, anticonformismos, sabedoria frívola, efeitos da informação e da memória. Filho da "aldeia planetária" de Marcuse, soube — e sabe — liquidificar torrentes de informações midiáticas, contornos narcíseos, instruções interdisciplinares e o imenso prazer na captura de cores e imagens. Seus movimentos são tão amplos e livres que parecem levá-lo, de vez em quando, a mudanças que desafiam sua própria invenção. Mais fatos, menos visões. Mais tecnicismo, menos fragilidade. Mais *power*, nunca mulheres frágeis.

O virginiano não tem opiniões frouxas sobre nada. Ele sabe costurar devaneio e técnica, descartando a possibilidade de carregar adjetivos. Detecta sem problemas os possíveis movimentos erráticos que possam ter acometido a concepção de uma temporada, duelando com seus limites até vencer o embate. Desafia a armadilha de se aproximar dos ciclos alternativos do neo e do retrô. Zela por seus museus imaginários, mas não aposta simplesmente em *revivals*. André Lima, no momento, continua muito bem, obrigado. Cru e tecnológico, transvanguardeiro e pulador de fronteiras, dissonante e abençoado pelas luzes. E viva Nossa Senhora de Nazaré!

30 AMANDA MIRANDA
34 ALESSANDRA AMBROSIO
35 JEISA
37 THALITA
38 MARINA DIAS
39 RAICA

COLEÇÃO VERÃO 2001/02

Espírito latino, toureiros, espanholas, ciganas, prostitutas, amuletos, flores, camisolas de cetim.

by Diana Vreeland
New foreword by Mary Louise Wilson
D.V.

Paper cutouts fluttering over th
approach of the Days of the
Tetelco, Mexico.

Sobre el atrio de la Iglesia de
Estado de México, el revoloteo
la conmemoración de los Días

COLEÇÃO VERÃO 2002/03

Maria Bethânia, Secos e Molhados, rock,
mandala, crochê, franjas, penas, metais, renda.

ANDRÉ LIMA

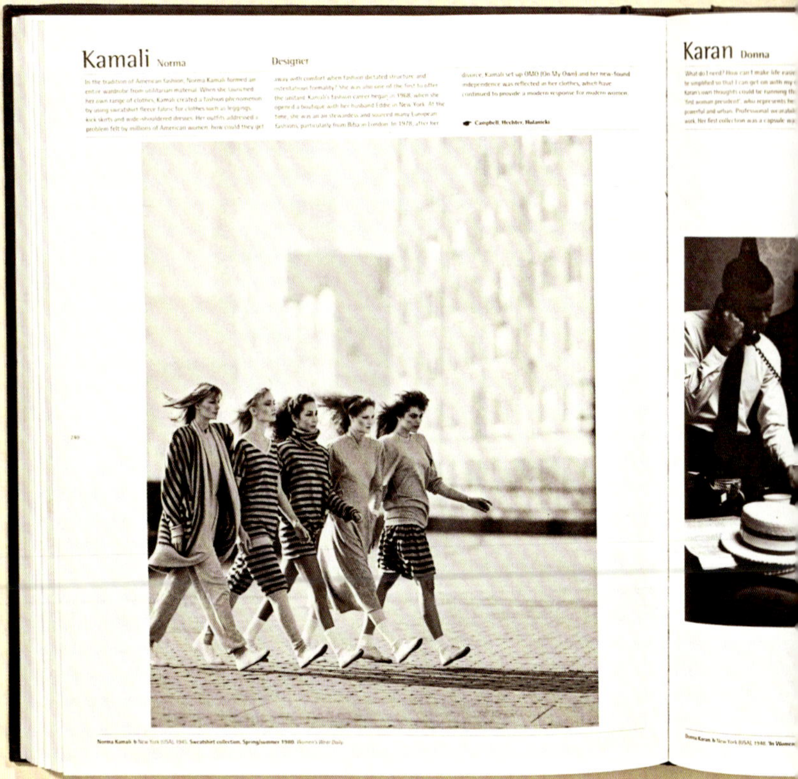

COLEÇÃO INVERNO 2004

Norma Kamali, Erté, Siouxsie and the Banshees, moletom, listras, turbantes, tranças, nós.

BOHEMIA
10

COLEÇÃO VERÃO 2004/05

Clara Nunes, Cristina Franco, Bahia, África, Japão, kaftans, obi, flores de palha, *tie dye*, tricô, linho.

CLARA NUNES
A DEUSA DOS ORIXÁS
PORTELA NA AVENIDA • A DEUSA DOS ORIXÁS •
MORENA DE ANGOLA • GUERREIRA
SOMLIVRE

COLEÇÃO INVERNO 2005

Dalma Callado, mandala, xales, lenços, franjas, pontas, bordados, saias godê.

Na conjuntura brasileira
(armada) contra a ditadu
questão que se colocava,
TUSP pela peça. Mas o ve
dirigida por José Renato
ca a este texto e o resulta
desdramatizá-lo, desloca
consciência de Teresa pa
os inimigos de Brecht, de
poderoso elemento épico
um pouco mais a operaçã
enquanto o texto expõe a
volvimento dramático (q
atropelada pela Guerra C
anta se fingir de morta e
literal). Flávio Império t
individual para o problem
coro — representante do
sociedade, que é da esfe
esclareceu um dos mais
drama, Gustav Freytag.

Nas palavras do entusias
"Flávio Império se mani
preendentemente como
mente revolucionário (...
Brecht são reformulado
matúrgica que desloca o
Carrar para o Coro, amp
ca do texto, que passa a
através da participação
gularidade da emoção d
ante: "A coragem de Flá
impostação épica do esp
ortodoxos, mas livreme
o espetáculo para mais
através do texto."

Quando preparava a exp
seus trabalhos cenográf
São Paulo, em 1983, Flá
depoimento às organiza
e Mariângela Alves de L
importância que atribu
empreitada do TUSP:

> Eu gostaria de
> cie de carro ale
> é o carro que p
> do meu conhecime
> uma espécie de
> carnaval, cujo
> que o tema era
> técnico que iria
> com a eficiência
> toda vez que um
> balhar exige do

COLEÇÃO VERÃO 2005/06

Ângela Maria, Havaí, Atlântida, mares do Sul, cassino da Urca, flores, folhas, pianos, cartas de baralho.

COLEÇÃO INVERNO 2006

China, África, Nepal, princesas, tapeçaria, pássaros,
penas, vermelho, mistura de estampas, bordados, brocados, *patchwork*.

張飛

COLEÇÃO VERÃO 2006/07

Índias kuna, Panamá, água, barco, espelho, festa, curtos, biquínis, mangas, cocar, lurex, *jacquard*.

orms the
an brings
a enclosure
en bring sea
days. Her
a natural

ransition
l *inna*.
nblages of
t last from
ates from

lute man),
ong cane
world and
ed, formal
nd toasting,
dship, while
pts from
omen stand
d *gwile*.
artful expres-
ing go that

COLEÇÃO INVERNO 2007

Clara Bow, Man Ray, geometria, bonecas, tule, veludo, lã, renda, curto, tubos, preto-e-branco.

COLEÇÃO VERÃO 2007/08

Selvagem, indígena, guerreira, urbana,

casulo, plantas, drapeados, preto, cores sóbrias e *pink*.

La royauté dans l'Arche.

COLEÇÃO INVERNO 2008

Samambaias, dobraduras, balonês, pregueados, prensados, volumes, preto, curto.

34
Superbody | Materials
35
ARTFORUM
SPECIAL ISSUE
LAURIE ANDERSON
▸ Record & Jacket
ANDY WARHOL
▸ Centerfold
MARIE COSINDAS
▸ Pinball Graphics
Advertising's Architecture
of Heaven...
Vulgar Modernism...
Bop Art...
and more

CRONOLOGIA

1970 André Luís Cardoso Lima nasce na cidade de Belém (PA), em 30 de agosto. Filho de Therezinha de Jesus Cardoso Lima e João da Silva Lima, irmão de Ana Cristina, meio-irmão por parte de pai de Conceição e Nonato, e irmão de criação de Marcelo e Pablo. A mãe era professora de português e matemática, o pai, comerciante em Gurupá, no interior do Pará. Vive com os pais, três dos cinco irmãos, sua avó materna, duas tias, Ray e Josélia, e três empregadas, em um antigo casarão de pedra do século XVII, no bairro Cidade Velha.

1971 Zuzu Angel apresenta desfile protesto no consulado do Brasil em Nova York. Inaugurada nova sede da tecelagem Santaconstancia, em São Paulo.

1972 Paco Rabanne mostra coleção de laminados e acrílicos na FENIT. As empresas da indústria têxtil formam o Consórcio de Moda Brasileira, em São Paulo, com a intenção de organizar eventos de moda. Dener lança sua autobiografia *Dener, o luxo* [reeditado pela Cosac Naify, 2007].

1973 A editora Abril lança a revista *Nova*, edição brasileira da *Cosmopolitan*.

1975 É criado o grupo Moda Rio, primeiro núcleo organizado de estilistas com o objetivo de divulgar a moda do Rio de Janeiro. Lançamento da edição brasileira da revista *Vogue*, pela Carta Editorial. Regina Guerreiro é a editora. Fernando Louza começa a fotografar os desfiles europeus para a editora Abril.

André é alfabetizado em casa, pela mãe e pelas tias.

1976 Cursa a primeira série no Núcleo Pedagógico Integrado, a escola da UFPA, em Belém.

1978 Acompanha o pai nas compras em Belém e ajuda a preparar, embalar e colocar preço nas mercadorias. Como forma de pagamento, ganha cortes de tecido. Suas roupas são feitas pela avó. Muda-se para uma nova casa. Os móveis antigos, em estilo colonial, e a porcelana inglesa misturam-se a fórmica, utensílios de plástico e pratos Colorex. Suas primeiras referências musicais são os discos *Álibi*, de Maria Bethânia, e *Alerta geral*, de Alcione, que ouve nos sábados de faxina em sua casa.

1979 Criação do grupo Coordenação Industrial Têxtil, responsável por identificar tendências de estilo e desenvolver cartelas de cores. A convite da Rhodia, Marie Rucki, diretora do Studio Berçot de Paris, passa a vir anualmente a São Paulo ministrar cursos de estilo.

1980 É formado o Núcleo Paulista de Moda, do qual fazem parte Alcides, Armazém, Companhia Ilimitada, G. Confecções, Huis Clos, Le Truc, Rose Benedetti, Zoomp, entre outros.

1981 Betty Prado ganha o concurso Face of the 80's (atual Supermodel of the World), promovido pela Ford Models.

1982 Lançamento da revista *Claudia Moda*, da editora Abril, que tem Costanza Pascolato como editora. É formado o Grupo Mineiro de Moda,

composto por Artimanha, Art-Man, Patachou, Renato Loureiro, entre outros. É fundada a escola de corte e costura Sigbol, em São Paulo.

1984 Elisabeth Senneville, Jean Paul Gaultier e Thierry Mugler apresentam suas coleções em São Paulo a convite da indústria de calçados Grendene.

1985 Bob Wolfenson passa a fotografar editoriais de moda para a *Vogue*.
Assiste pela televisão a apresentação da banda de *rock* norte-americana The B-52's no *Rock in Rio* [acima]. Fica fascinado pela banda e pela música pop internacional: Joy Division, Depeche Mode, The Cure, The Smiths, Siouxsie and the Banshees, entre outros. Passa a observar o modo de vestir desses conjuntos musicais, a preocupar-se com moda e a diferenciar-se dos outros meninos da turma, usando marcas cariocas como Yes Brazil, Anonimato, Bee, Cantão e Company.

1986 É formado o Grupo São Paulo de Moda, com as marcas Forum, Tráfico, T. Macchione, Tweed, além de parte do extinto Núcleo Paulista de Moda. É criada a Cooperativa de Moda de São Paulo, que reúne Conrado Segreto, Flávia Fiorillo, Jum Nakao, Maira Himmelstein, Marjorie Gueller, Silvie LeBlanc, Taisa Borges e Walter Rodrigues.
Viaja pela primeira vez para o Rio de Janeiro, com amigos de Belém, freqüenta o clube Crepúsculo de Cubatão. Passa a acompanhar a coluna "Ponto de Vista", no telejornal *Hoje*, da rede Globo, apresentada pela jornalista e consultora de moda Cristina Franco, pioneira na

cobertura de desfiles internacionais. Conhece Jean Paul Gaultier, Lacroix e o mundo da moda nos anos 1980. É o primeiro colocado em arquitetura no vestibular da Universidade Federal do Pará.

1987 É criado o primeiro curso de graduação em moda na Faculdade Santa Marcelina, em São Paulo. Fundação da agência de modelos Class.

Assina as revistas britânicas *I-D Magazine* e *The Face*, referências importantes em sua formação. Começa a maquiar e fazer produção de moda no salão Eskalp [acima] para matérias de jornais e revistas locais. Produz desfiles para lojas de Belém.

1988 Lançamento da edição brasileira da revista *Elle*.

1989 Deixa a faculdade de arquitetura. É contratado pela TV Cultura do Pará; faz produção de figurino e videoclipes. Monta um ateliê na sala de sua casa, ganha duas máquinas de costura, contrata uma costureira e começa a fazer roupas sob encomenda. A clientela é formada por amigas da mãe e das tias, vizinhas, socialites e personagens da noite.

1990 A Universidade Anhembi Morumbi, de São Paulo, cria o curso superior negócios de moda. Lançamento da edição brasileira de *Marie Claire*, da editora Globo, substituindo a revista *Moda Brasil*.

Organiza seu primeiro desfile, uma coleção de biquínis. Nessa época já tem a reputação de ser o jovem estilista da cidade. Consegue dois patrocinadores, cobra ingresso e lota a maior sala de eventos do hotel

Hilton de Belém. Conhece a transformista Marleni Dietrich [abaixo], produz os figurinos e dirige suas apresentações na boate Camaleão. Viaja pela primeira vez a São Paulo, em férias.

1991 A Universidade Paulista lança o terceiro curso superior de moda no Brasil.

1992 Acontece a Semana Leslie de Estilo (atual Fashion Rio) no Rio de Janeiro, comandada por Eloysa Simão. Erika Palomino passa a escrever a coluna Noite Ilustrada, no jornal *Folha de S.Paulo*.

Muda-se para São Paulo com a ajuda dos pais. Mora em um flat com um amigo e sua mãe, também vindos de Belém. Trabalha como produtor de figurino nas TVs Manchete e Globo. É assistente de estilo na marca Udi La Galina.

1993 É criado o curso de moda na Universidade de Caxias do Sul, no Rio Grande do Sul. Fundação do Instituto Zuzu Angel, no Rio de Janeiro, entidade civil sem fins lucrativos, que atualmente oferece cursos de moda em parceria com a Universidade Estácio de Sá, além de possuir vasto acervo de roupas de estilistas brasileiros e internacionais.

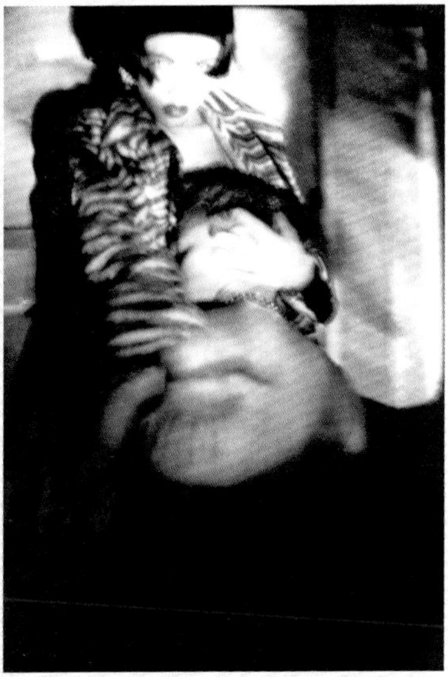

Faz o curso de estilo com Marie Rucki, no CIT. Trabalha como assistente de Márcia Gimenez, na Equilíbrio.

1994 O Senac São Paulo assina convênio com a escola de moda francesa Esmod e lança, no ano seguinte, os cursos de estilismo e modelagem. É criado o curso de moda na Universidade Federal do Ceará, em Fortaleza. Primeiro Phytoervas Fashion, em São Paulo, evento criado por Paulo Borges e Cristiana Arcangeli, com duas edições anuais até 1998, quando a marca foi vendida para um laboratório americano. Beto Lago e Jair Mercancini criam o Mercado Mundo Mix, espaço para a moda *underground* brasileira.

Cria camisas pólo com mistura de tecidos para vender no Mercado Mundo Mix, em São Paulo. Apresenta seu segundo desfile em Belém. Faz o primeiro desfile em São Paulo na boate Columbia: *Princesas africanas de férias em Paris*, só com modelos negras.

1995 É criado o curso de moda na Universidade Veiga de Almeida, no Rio de Janeiro. Gui Paganini passa a fotografar editoriais de moda para a revista *Elle*.

1996 É criado o curso de moda na Universidade Estadual de Santa Catarina, em Florianópolis. Primeira edição do Morumbi Fashion Brasil, em São Paulo. Durante sessão de fotos, Shirley Mallmann conhece a fotógrafa alemã Ellen von Unwerth e inicia sua ascensão internacional.

Passa a trabalhar como diretor de criação da marca Cavalera, mistura ícones dos anos 1970 e 1980 a personagens da cultura pop nacional como a ex-chacrete Rita Cadillac.

1997 Primeira edição da Semana de Moda, atual Casa de Criadores. O evento, criado por André Hidalgo, reúne jovens estilistas em São Paulo. A galeria Ouro Fino, na rua Augusta, em São Paulo, torna-se um centro de moda independente. Nas lojas são vendidas roupas de Alexandre Herchcovitch, Escola de Divinos, Hell's Club, A Mulher do Padre, Slam, Sommer, entre outros. São criados os cursos de moda na Universidade Estadual de Londrina e na Universidade Tuiuti, ambas no Paraná, e na

Universidade Regional de Blumenau, em Santa Catarina.

André cria bolsa preta de matelassê parodiando o c de Cavalera com a logomarca da Chanel [à esquerda]. A peça torna-se um sucesso.

Primeiro desfile da Cavalera na semana Barrashopping de Estilo, no Rio de Janeiro.

1998 É criado o Centro de Educação em Moda do Senac, em São Paulo.

A Cavalera faz seu primeiro desfile em São Paulo durante a Semana de Moda. Apesar dos elogios, em setembro, André é despedido. Desenha coleção para a grife carioca Blue Man e, em seguida, para a Yes Brazil, mas as peças não chegam a ser produzidas.

1999 É criada a Associação Brasileira de Agências de Modelos.

Gisele Bündchen recebe o prêmio de melhor modelo do ano no Vogue Fashion Awards.

Lança oficialmente a marca André Lima. Desfila em setembro coleção de verão na Semana de Moda, feita com tecidos de cortina e almofadas herdados da família e retalhos de tafetá e zibeline de seda doados pela tecelagem Franceza, da rua Augusta. O destaque são as peças em *moulage* que misturam flores, listras e xadrez. A trilha sonora mistura trechos de entrevista e poemas declamados por Maria Bethânia. Orlando Maneschy fotografa a coleção no Museu de Zoologia da USP. Suas peças são vendidas na multimarca Pangea, em São Paulo.

2000 A marca catarinense Colcci é adquirida pelo grupo Menegotti, atual

AMC Têxil. É o início da criação de conglomerados de grifes no Brasil. Lilian Pacce passa a comandar o programa televisivo GNT *Fashion*.

A coleção de inverno é um sucesso de vendas na Pangea, com vestidos cortados em viés e mistura de tecidos antigos adquiridos na tradicional loja Hasson, na rua Augusta. Cria a primeira estampa exclusiva [à esquerda] e faz vestidos mais elaborados em cetim para a coleção de verão apresentada na Semana de Moda. Passa a vender na Daslu, em São Paulo. Monta ateliê e *showroom* numa casa no Itaim Bibi. Começa a formar uma equipe para a marca. Carlos Cardoso é seu primeiro assistente.

2001 Décima edição do Morumbi Fashion Brasil, quando este passa a se chamar São Paulo Fashion Week (SPFW). Primeiro Amni Hot Spot na Casa Rhodia, em São Paulo, evento que incentiva novos talentos da moda. É criado o Instituto Brasileiro de Moda, instituição voltada exclusivamente à área de negócios da moda.

Participa pela última vez da Semana de Moda. A coleção desfilada sobre notas falsas de dólar é a mais completa até então, com vestidos de festa, peças de alfaiataria e casacos de pele. Em junho, sua estréia no SPFW é inspirada na mistura entre o profano e o sagrado do Círio de Nazaré, e em uma imagem de Diana Vreeland. Entre as peças, camisolas de cetim com renda e vestidos feitos com bandeiras do Iron Maiden.

2002 O verão 2002/03, com xales de crochê com franja, camisetas estampadas com imagens de Maria Bethânia, estampa de mandala e *cashmere* dos anos 1970, acessórios de metal e pena, e maquiagem inspirada nos Secos e Molhados, é considerada uma de suas melhores coleções. Com equipe consistente e mais de quinze pontos-de-venda espalhados pelo Brasil, André monta sua fábrica e um *showroom* na Vila Olímpia.

2003 É criada a Associação Brasileira de Estilistas. Primeira edição do festival Filme Fashion, idealizado por Alexandra Farah. Primeira edição do Floripa Donna Fashion, em Santa Catarina. O evento reúne desfiles de marcas catarinenses e de grandes grifes brasileiras.

O inverno 2003 é inspirado na Fiorucci. Um dos destaques é a clássica camisa branca de *smoking* estampada com uma foto de Costanza Pascolato na capa da revista *Vogue* [à direita]. A trilha sonora criada pela dupla NoPorn tem letra composta em parceria com André e o DJ Zé Pedro, com uma compilação de trechos das críticas negativas feitas ao estilista. A música *Baile de peruas* torna-se hit nos shows da dupla e nas pistas modernas do Brasil. Apresenta no SPFW a coleção de verão 2003/04, intitulada *Baile na Amazônia*, com trilha sonora composta de músicas de Fafá de Belém e peças com estampa feita com base em ilustração de Vicente do Rego Monteiro.

2004 As coleções dos anos 1980

da estilista americana Norma Kamali, em especial as peças de moletom e as ilustrações de Erté, são as principais inspirações de André para o inverno. O desfile começa com Naomi Campbell usando um mantô de tricô listrado preto e branco. As modelos desfilavam em grupo formando cenas com *looks* que misturavam cetim com malha. As inspirações do verão 2004/05 são Clara Nunes e Cristina Franco. Predominam os vestidos e *caftans* longos em tricô *tie dye*, *chiffon* bordado com fios dourados, linho natural, laise branca. A trilha do desfile com batuques orientais e africanos é a base para Cristina Franco declamar texto de sua autoria.

2005 Desfila coleção de inverno no SPFW com destaque para as peças com longas franjas e estampa de mandala. No verão 2005/06, *Hawaí demente*, André retoma e potencializa a mistura de estampas do início da carreira e faz impactantes acessórios de cabeça: arranjos feitos com grandes e coloridas flores de tecido, frutas e folhas douradas, minipianos de cauda e brincos de carta de baralho. Na trilha, músicas de Ângela Maria.

2006 Na coleção de inverno todos os *looks* são estampados e longos. O cenário é vermelho com grandes colunas. O *styling* é de Cristina Franco. Mais de mil placas espelhadas formam o cenário do desfile da coleção de verão 2006/07 inspirada nas índias kuna do Panamá. Após coleções com foco nos vestidos longos, André apresenta vestidos curtos.

2007 Em junho acontece a décima edição do Fashion Business, no Rio de Janeiro, feira de negócios paralela ao Fashion Rio, que reúne grandes marcas, pólos de moda e designers.

Apresenta no SPFW coleção de inverno. Todos os *looks* são curtos e as estampas mais discretas. Durante as comemorações dos dez anos da Casa de Criadores, André é convidado a apresentar uma retrospectiva de seu trabalho [à direita]. Em maio lança sua segunda linha, Dia de André Lima, com enfoque em peças mais básicas. Na coleção de verão, o cenário

prenuncia o que será apresentado. Silhuetas de gigantescas folhagens típicas da mata brasileira contrastam com luz avermelhada do fundo, remetendo a um lusco-fusco na mata. As cores vibrantes começam a ser deixadas de lado. Diversos *looks* em preto ou azul-marinho contrastam com peças estampadas em tons mais sóbrios. Os vestidos longos fecham o desfile ao som de *O amor e o poder*, sucesso dos anos 1980.

2008 Em sua décima quarta participação no SPFW a cor preta domina a passarela em modelagens estruturadas. André passa a colocar maior ênfase no trabalho com a forma e o volume das peças. Lança coleção masculina. Começa a desenhar uma linha de decoração.

CRÉDITOS DAS IMAGENS

FOTÓGRAFOS ©Agência Fotosite pp. 60-1, 68, 76, 78, 84-9, 94, 126-7, 142-3, 153; Arquivo Pessoal pp. 01, 12-3, 22-3, 37, 42-3, 56, 74-5, 95, 108, 121, 144, 152; Charles Naseh pp. 55, 60-1, 69, 118-9, 134b, 135a; Cristiano p. 151; Debby Gram pp. 16, 63-4, 71; Fernanda Calfat pp. 44, 48, 57, 67, 77, 81, 92-3, 99; Flávio Oliveira p. 148; Gui Paganini pp. 100-1; Jacques Dequeker pp. 111, 129; Leonardo Pinto pp. 50-1; Marcia Fasoli pp. 04-5, 58-9, 102, 105-7, 112-3, 116-7, 120, 122-5, 130, 133-4a, 135b, 136-41, 155-7; Marcio Madeira p. 38; Octavio Cardoso pp. 14-5; Orlando Maneschy pp. 06, 28-9, 149; Pablo Peinado pp. 11, 41, 45-6, 49, 55, 62, 65-6, 70, 73, 79, 83, 91, 95, 104, 109-10, 128, 131-2, 147; Paula Sampaio pp. 34-5; Renato de Cara pp. 36, 39, 72, 90, 96-7, 114-5; Rodrigo Marques pp. 40, 47, 52-3, 82.

MODELOS Adriele p. 136; Alessandra Ambrósio p. 36; Aline Weber pp. 107a, 114, 123, 130; Amanda Lopes p. 76; Ana Beatriz Barros p. 59; Ana Bela pp. 72, 143; Ana Claudia Michels p. 54; Ana Lisboa p. 120; André Lima pp. 13, 144a; Angélica p. 127; Bárbara Berger pp. 82, 97, 133; Bruna Sottili pp. 84, 105, 140-1; Camila Finn p. 139; Carol Francischini pp. 86, 90; Caroline Ribeiro pp. 39, 40, 87; Caroline Trentini pp. 69, 85; Célia Leite p. 22a; Constantine p. 52; Cristina Lima p. 144b; Daniela Garcia pp. 06, 28-9; Eliana Weirich p. 78, 129; Emanuela de Paula pp. 100-1; Emilia Cechele p. 68; Eugenia Volodina p. 112-3, 116; Fabiana Semprebom p. 137; Fernanda Prediger p. 96; Gianne Albertoni p. 38; Gracie Winckí p. 126; Guaraci de Brito p. 23d; Isaac Soares p. 23b; Izabela Tavares p. 124; Juliana Imai pp. 94, 122; Laís Oliveira p. 115; Lindomar Bahia p. 23c; Luciana Curtis p. 58; Manoela Zachow p. 72; Marcele Bittar pp. 106a, 114; Marcelo Dias p. 144c; Mariana Weickert p. 67; Marina Dias pp. 39, 44; Marleni Dietrich p. 149; Martha Penz p. 135b; Martha Streck p. 134b; Michele Alves pp. 53, 99; Michelli Provensi pp. 125, 135a; Monique Olsen p. 117; Paloma Dreher p. 72; Paula Brasil p. 23a; Raquel Zimmermann p. 47; Gracie Winckí p. 126; Regina Simões p. 22b; Rojane pp. 16, 57, 63-4, 71; Sheila Baum p. 111; Sheila Klein p. 138; Simone Hanke p. 81; Solange Wilvert pp. 102, 106b, 107b; Theresinha de Jesus Cardoso Lima p. 13; Vanja Bordallo p. 22c.

REPRODUÇÕES BARROCO, Rocco & PASANISI, Fabrizio. *Roccobarrocco*. Milão: Leonardo Arte, 1998, pp. 31, 41 pp. 65, 66; BENTON, Charlotte; BENTON, Tim & WOOD, Ghislaine. *Art Deco 1910-1939*. Londres: V&A Publications, 2003, p. 124 p. 131; BOOTH-CLIBBORN, Edward & BARONI, Daniele. *The Language of Graphics*. Londres: Thames and Hudson, 1980, p. 233 p. 83; Clara Nunes. *A Deusa dos Orixás*. Som Livre, 1984, capa p. 70; *Excess: Fashion and the Underground in the 80´s*. Itália: Charta, 2004, p. 34 p. 132; *Flávio Império em Cena*. São Paulo: SESC, 1997, entre pp. 66-7 p. 79; GREENLEIGH, John & BEIMLER, Rosalind Rosoff. *The Days of the Dead*. Califórnia: Pomegranate, 1998, pp. 06-7 p. 45; LAINÉ, Daniel. *Rois D´Afrique*. Paris: Arthaud, 1991, p. 141 p. 62; revista *Bondinho*. São Paulo: Arte & Comunicação Editora, março 1972, p.17 p. 46; revista *Claudia*. São Paulo: editora Abril, maio 1976, capa p. 73; revista *L´Illustration*. Paris: Noel, dezembro 1935, p. 88 p. 128; revista *Namazônia*. Belém: Secretaria de Estado da Cultura, junho 1998, p. 08 p. 11; SALVADOR, Mari Lyn. *The Art of Being Kuna*. Califórnia: UCLA Fowler Museum of Cultural History, 1997, p. 46, 212 pp. 109, 104; Secos e Molhados. *Secos e Molhados*. Discos Continental, 1974, capa p. 49; The B-52´s. *The B-52´s*. WEA Discos, 1980, capa P. 147; *The Fashion Book*. Londres: Phaidon, 1998, pp. 240, 308 pp. 55, 110; THORNTON, Lynne. *Women as Portrayed in Orientalist Painting*. Paris: ACR Edition Poche Couleur, 1994, p. 04 p. 91; VREELAND, Diana. *D.V.* New York: Da Capo, 1997, capa p. 41.

AGRADECIMENTOS 40 graus, Agência Fotosite, Augusto Mariotti, Blue Models, Carlos Cardoso, Charles Naseh, Debby Gram, editora Lumi 05, Ego, Elite Models, Esquimó, Ford Models, Gui Paganini, Jacques Dequeker, L'Equipe Agence, Lumière, Marcos Costa, Marisa Alvarez Lima, Mega Models, Museu Paraense Emilio Goeldi, Pablo Peinado, Paulo Borges, Paulo Weisberg, revista L´Officiel Brasil, Roberta Marzolla, Silvana Holzmeister, Ten Models, Vanja Bordallo, Viva Models, Wagner Fernandes, Way Models.

A EDITORA FEZ TODOS OS ESFORÇOS PARA LOCALIZAR OS DETENTORES DOS DIREITOS SOBRE AS IMAGENS E AGRADECE QUALQUER INFORMAÇÃO A RESPEITO.

IMAGEM DA CAPA Marisa Alvarez Lima, para o livro *Maria Bethânia*, 1981

coleção MODA BRASILEIRA
organização JOÃO RODOLFO QUEIROZ, REINALDO BOTELHO;
coordenação editorial MARIANA LANARI; editor assistente CAUÊ VM;
preparação TEREZA GOUVEIA; revisão REGINA PEREIRA
projeto gráfico da coleção ELAINE RAMOS;
projeto gráfico deste volume ELIZABETH SLAMEK; composição VERUSCKA GIRIO;
edição de imagens CLÁUDIA LEÃO; produção gráfica LETÍCIA MENDES

Dados Internacionais de Catalogação na Publicação (CIP)
(Câmara Brasileira do Livro, SP, Brasil)

André Lima
São Paulo: Cosac Naify, 2008
160 pp., 122 ils.
coleção Moda Brasileira ISBN 978-85-7503-669-3
ISBN 978-85-7503-611-2

1. Estilistas de moda 2. Lima, André 3. Moda — Brasil I. Série.
07-7590 CDD 746.92092

Índices para catálogo sistemático:
1. Estilistas brasileiros de moda: Artes 746.92092
1. Moda: estilistas brasileiros: Artes 746.92092

COSAC NAIFY
Rua General Jardim, 770, 2º andar
01223-010 São Paulo SP
Tel [55 11] 3218 1444
Fax [55 11] 3257 8164
www.cosacnaify.com.br

Atendimento ao professor
[55 11] 3218 1473

PATROCÍNIO
MorumbiShopping

coleção MODA BRASILEIRA

Os dez títulos desta coleção contemplam nomes já consagrados que contribuíram individualmente para a consolidação da moda no país.

Cada volume reúne prefácio, ensaio crítico, cronologia e uma farta documentação fotográfica que pretende oferecer a estudantes, profissionais da área e interessados em geral, uma visão panorâmica do universo do estilista.

Ainda que em caráter introdutório, a coleção fornece, em seu conjunto, uma perspectiva histórica da moda brasileira a partir dos anos 1950, registrando de forma breve e pontual os principais fotógrafos, modelos, cursos, entidades e eventos da área nas últimas décadas.

1 Alexandre Herchcovitch
2 Gloria Coelho
3 Lino Villaventura
4 Ronaldo Fraga
5 Walter Rodrigues
6 André Lima
7 Clô Orozco
8 Lenny Niemeyer
9 Marcelo Sommer
10 Reinaldo Lourenço

fonte WHITNEY papel COUCHÉ FOSCO tiragem 5.000
digitalização de imagens IPSIS tratamento de imagens PHOTATO
impressão KOMORI 8 CORES REVERSÍVEL, 200 LINHAS/PL² — GEOGRÁFICA